VORACIDAD

ISABEL GONZÁLEZ GIL

VORACIDAD

EDICIONES DE LA ISLA DE SILTOLÁ

SEVILLA 2025

Colección *AFORISMOS*

ISBN: 978-84-19298-56-0 • DL: SE 2461-2025

IBIC: DCF • THEMA: DCF

(Impreso en España)

*El Corazón y la Mente juntos forman
un solo Continente.*
EMILY DICKINSON

El mundo nos gusta porque sí.
WALLACE STEVENS

I

UN CORAZÓN ASUSTADO
—VARIACIONES SOBRE LA VIDA—

HE caído al fondo de mí misma. Afortunadamente, no
era muy profundo.

&

NO somos nadie, y en cuanto aparecemos ya hay un
coro.

&

NO sé quién soy, no he acabado.

EL corazón es un animal mucho más antiguo que el cerebro.

☙

EL corazón gana siempre los asaltos; la mente, las batallas.

☙

ESTAMOS dispuestos a ser infelices siempre y cuando mantengamos el control.

HABLEMOS largo y tendido de la ironía cósmica.

∽

HOY siento voracidad en la organización.

∽

CAUTERIZAR las heridas con trabajo.

EL dolor corporiza el alma, por eso se habla de pesar.

୧୬

SOLO nuestras ilusiones son capaces de destruirnos.

୧୬

LA felicidad es la expresión de lo acabado. ¿Cómo sobrellevar lo perfecto?

CUALQUIER cosa que no me vaya a salvar o a condenar, me aburre.

&

RECUERDA: no proyectes en fase maniaca lo que luego debas llevar a cabo en fase depresiva.

&

SIENDO infeliz no se comprende nada.

ACUMULAR experiencias, como se amontona nieve o polvo. Sin poner nada de nuestra parte.

☙

EL pavor a la muerte es la otra cara neurótica de la fascinación.

☙

TODOS los días negociamos los límites de nuestro conocimiento.

EL pasado y el futuro se miran constantemente en el presente.

⁂

ODIO la mística de las cosas sencillas. Es una de las formas más refinadas de tortura que practican las monjas con las niñas entusiastas.

⁂

EN ocasiones, para entender a una persona no hay que atender tanto a lo que es, sino a lo que fue.

TODOS nos parecemos demasiado a nosotros mismos.

෴

HAY sueños tan similares a la realidad que terminan por sustituirla en nuestro recuerdo.

෴

HOY solo tengo dos estados: desapego y obsesión.

LA humanidad no podrá alegar que no la avisaron.

❧

TARDE, pero ya has aprendido a aceptar que estás pobremente encarnada.

❧

EL fuego desprecia la tierra, anhela el aire, vive en un mundo en el que el agua no existe.

CUANDO un signo de fuego se encuentra con un signo de agua siente desconcierto y malestar. Le han cambiado las reglas de juego.

಄

UN sagitario va a la playa y mira el océano con desconfianza.

಄

QUERRÍA, durante unas horas, sentirme tauro.

A veces un mal nos protege de un bien. El cinismo funciona de antídoto contra nuestro quijotismo congénito.

❧

NUNCA termino hablando de lo que importa, sino de lo que pueda llenar el tiempo de conversación.

❧

A la brujería le podían achacar muchas cosas, pero no el ser poco detallista.

RABO de salamandra, diente de león, chispa de tormenta, ojo de lagartija… seguro que no era tan difícil como acreditarse para ser profesor universitario.

ↄ

EL lenguaje encierra a la mujer en lo particular. Derrochamos una energía inaudita en la diferencia.

ↄ

LOS académicos que desprecian el lenguaje inclusivo no están hartos de escribir como si nadaran a contracorriente.

TOMAR conciencia feminista es renacer como sujeto. Despertar tras una larga noche con una inmensa resaca.

&

NO hay como proponerte seguir tus mejores instintos para que los peores se solivianten y traten de atormentarte.

&

LA ansiedad es la serpiente.

CONOCER la historia por sus consecuencias.

☙

CUÁNTOS suicidios habrá provocado la literatura y evitado la música.

☙

ASUMIMOS la muerte del cuerpo, pero no la de la mente. El miedo es una señal de que nos hemos estancado.

¿NO querer mirar el problema hasta encontrar la solución?

ↄ

SUPONGO que es más verosímil que Dios creara cantando.

ↄ

UNA gran capacidad de admiración es el equivalente abstracto de la glotonería.

TODOS nos convertimos en un cliché. Solo queda por conocer el nuestro.

⁊

EN ocasiones lo extravagante es una puerta de regreso a lo común.

⁊

EL humor es un espacio, un escalón de luz en la miseria. Los afortunados son los que lo habitan siempre.

¿POR qué en los vitalistas hay tan a menudo un subtexto de violencia?

ᘒ

LA violencia suele esconderse a plena vista como una planta carnívora.

ᘒ

SIEMPRE estoy empezando a saber.

CONVERSAR con viejos amigos. Que te posea una versión anterior de ti misma.

&

HAY personas con las que se activa la historia. Juntas formáis frases esperando a ser dichas.

&

TENER una personalidad implica descartar, renunciar a la ilusión primaria de serlo todo.

LOS vínculos nos unifican y reordenan, en soledad asedia lo múltiple.

ↄ

NUESTRA época ensalza la amistad, pero es lo primero que se sacrifica frente a otros vínculos.

ↄ

DE entre las cosas que menos entiendo está por qué llegan y se alejan las personas.

EL arte de las despedidas imaginarias es adictivo, y a menudo conduce inevitablemente a una desaparición real.

❧

NO podemos evitar la tristeza del amor, pero sí que se apegue tanto a lo perdido que nos perdamos nosotros.

❧

HAY quienes viven dentro de la imagen que tienen de sí.

EN ocasiones, capta nuestro respeto lo que una persona desea ser.

❧

AL pasar demasiado tiempo con otro nos hacemos evidentes a nosotros mismos y ahí adviene el cansancio.

❧

ENSANCHAR el amor hasta que quepa el otro.

EL contacto con algunas personas nos envilece, y no necesariamente son las que consideramos peores.

&

ES preferible cultivar nuestros defectos a esperar a que asomen en el momento menos oportuno.

&

EN algunas relaciones caemos del lado contrario al que nuestra moral aprueba, sin que la realidad se doblegue a nuestra resistencia.

A veces la mente tiene gran capacidad para algo pero el espíritu se resiste.

෴

LA pereza es, más que un vicio, una forma de emoción.

෴

LAS emociones son siempre oscuras; las acciones, transparentes.

LA vergüenza siempre es un precio a pagar.

&

OJALÁ las palabras y las acciones portasen un halo de
la resaca emocional que generarán.

&

LA espera es la tortura del ansioso.

EL peor enemigo del ansioso es su exceso de atención, la incapacidad de dejar sin resolver una pregunta.

&

ABOTARGAMIENTO de las nuevas tecnologías: no pienso, no escribo, no me concentro, no vivo. Y cuántos estamos en la misma trampa.

&

DE una trampa solo se sale haciéndose el muerto.

HAY días en los que parece que el mundo no se soporta a sí mismo.

のめ

TENDEMOS a vivir los estados de ánimo como perdurables, sin darnos cuenta de que son pasajeros.

のめ

LO que se ha desconectado de lo trascendente está desprovisto de energía.

MUCHAS veces no amamos tanto una persona como un relato, una mejor versión de nosotras.

∽

A nadie amamos y odiamos tanto como a nuestros iguales.

∽

HAY días en los que ir en el ascensor con alguien resulta de una intimidad excesiva.

AL igual que la suma de colores arroja el blanco, el exceso de emociones se siente como vacío.

&

PARA ciertas personas, el camino de su relación con el mundo no es el del corazón, sino el del ser. No es propio del vínculo humano, pero la piedra, el árbol o el pájaro no piden otra cosa.

&

IR al paso de los demás resulta cansado. Siempre van demasiado lentos o demasiado rápidos.

TRAUMA: estar toda una vida queriendo pasar a otra cosa.

⁊ↄ

LAS emociones a veces tienen lugar en otra parte.

⁊ↄ

NO podemos ver con claridad el color de la tierra donde nacimos.

NO me molesta la realidad. Es mucho más oscura, mohosa y enfebrecida y sin embargo un instante allí supera cualquier ilusión.

∾

CUANDO alguien es inconstante pero obsesiva vuelve una y otra vez sobre los mismos temas, captura retazos del objeto, sin llegar a entregarse nunca, conociendo y desconociendo al mismo tiempo.

∾

ES difícil ganarse a un corazón asustado.

NO vivimos una sola vida. Vivimos muchas, incompletas. Sintiendo pasado, presente y futuro. Lo que hubiera podido ser a veces lo atisbamos. Somos una partitura de notas vivas y otras fantasmales.

❧

VIVIR con la permanente sensación de que nuestra vida real está por llegar.

❧

A veces, a una persona solo la salva su recuerdo. Una u otra hora de luz, de las que la memoria hubiese hecho acopio, como abuela precavida, ante la previsión de frío.

NO quiero que transiten mi cuerpo como un lugar de paso.

✌

OBSESIÓN: no capitular un instante del deseo.

✌

¿TODA sombra proviene de una luz?

EN el amor el tiempo no existe. Si no lo amas ahora, nunca lo has amado ni lo amarás.

ↄ

SI saliera a la luz la estructura del trauma, sería uno de esos animalillos insólitos, que no pensábamos que pudieran existir en esta tierra.

ↄ

MI frontera entre la fe y el nihilismo es la de una mala digestión.

SI no existe Dios, la inteligencia humana es una enfermedad.

ↀ

TENER una vivencia intermitente de Dios. Postergar el cuestionamiento hasta que puedas permitirte una casa más amplia.

ↀ

FUNES nos demostró que el saber total se perdería en la multiplicidad.

EL dios cristiano quiso tanto la libertad que la puso por encima del bien.

❧

EL alma se mueve en círculos concéntricos como una bola de nieve. Esto lo han tenido claro los metafísicos, pero basta un poco de atención a la vida.

❧

SIEMPRE pensé que el odio era una emoción uniforme, pero está tan apegada a su objeto que cuesta distinguirla de él.

NECESITAMOS movernos para ser. Cuando no me muevo me cuesta pensar, me sitúo fuera de mí.

&

EL verano dibuja como posibles cosas que no serán, y el otoño se encarga de corregir su optimismo.

&

¿CÓMO puede ser que en Occidente la ilusión no sea un dios? Si tan a menudo va de la mano de Eros y es más poderosa e implacable que su hermano.

LO perseguido huye ante la gravedad de nuestros deseos.

∽

HAY palabras que nombran espacios muy pequeños y otras abarcan continentes. Cansancio es una de las segundas.

∽

RECUPERAR el fantasma de la liviandad.

EL pensamiento se inventó para poder soportar el sentimiento.

ↄ

INSTANTE. Carrusel.

ↄ

APENAS el lenguaje me traspasa, alivia mi ansiedad. Dejarle ir, llevarse todas mis impurezas.

CUANDO estoy mal, me refugio en no ser.

❧

POR más que lo piense, no conseguiré descartar el mal. El mal solo se comprende en el instante en que es vencido.

❧

LA inteligencia es mi cómplice; la emoción, un pariente lejano.

ALMA, esencia, redención: hay palabras que se quedan entre bastidores esperando a que escampe.

ↀ

NO puedes descansar de tu misión, y tu misión no puede descansar de ti.

ↀ

SOLO me comprometo a fondo con los imposibles.

QUIEN no tiene una sombra acechándole no me parece de este mundo.

∾

ES prepotencia pensar que la vida va a adaptarse a las ideas que felizmente has encontrado.

∾

TODO llega cuando ya no se siente como real.

LA enfermedad trata de expresarse, de expresarnos. Lo
difícil es saciarla.

&

NO somos solo nuestra peor memoria, el más temible
de nuestros sueños.

&

A menudo los acontecimientos reservan su significado
para otro tiempo.

CONSTANTEMENTE sacrificamos el presente al pasado o el pasado por el presente, en raros periodos se alcanza la conjunción.

&

LA vulnerabilidad impide ordenar las ideas. El estado de pánico es la dispersión.

&

CAER anímicamente hacia la plenitud.

QUE algunos días me encuentre bien es útil para saber a quién debo representar.

&

EL horizonte siempre se abre desde el pasado.

&

HAY cuerdos que viven esperando morir. Nuestra cordura está enferma.

EL silencio en los barrios residenciales es ideológico.
Huele a cloro.

ം

UN secreto a veces no es algo que se guarda, sino una
versión de la realidad que se impone.

ം

LA mejor metáfora de nuestra época no es el laberinto,
sino la madeja.

NUESTRA época no trata de resolver las preguntas, las multiplica en cientos de ecos, despistes, olvidos y faltas de atención.

&

SIEMPRE llego tarde a lo que quiero ser.

&

¿POR qué humanidad es, tantas veces, sinónimo de debilidad?

II

INDULGENCIAS
—VARIACIONES SOBRE LA ESCRITURA—

Váyase, váyase, dijo el pájaro: el género humano
no puede soportar tanta realidad.

T. S. Eliot

Decir yo es enajenarse.
Chantal Maillard

HAY libros de poesía que son apéndices de buenas citas.

∽

AL entrar en el poema una depone la ironía como antaño las armas.

∽

EL yo de dentro y el de fuera de la página no deberían ser mutuamente complacientes. Ni siquiera tendrían que soportarse.

LOS poetas que mejor resisten el tiempo son aquellos que ofrecen su propia interpretación.

⁄ひ

NO basta con querer decir, el poema tiene que venir como si fuera de otro.

⁄ひ

AGOTADOS de metáforas, nos rendimos alucinados ante la posibilidad de que una fresa sea solo una fresa.

SI yo soy tú, tú te conviertes en yo. El sentido se complace en rizomas y bucles.

&

COMPRAR excesivos libros: una biblioteca no solo debería tener presente y pasado, también dar espacio al porvenir.

&

LOS escritores contemporáneos se miden por la calidad de sus citas.

EL mundo de la cultura está en riesgo de zombificación permanente.

ↄ

NADA hay menos creador que la creatividad.

ↄ

¿DESDE cuándo la palabra 'inspirado' se ha convertido en "listo para producir"?

LOS narradores odian las palabras abstractas, las frases hiperbólicas. Seguramente las palabras abstractas odien también a los narradores.

∾

AHORA pienso que quise ser escritora para normalizar estar triste.

∾

ESOS días en los que necesitas decir todo y terminas por no escribir nada.

RODEADAS de blanco, las palabras quedan expuestas.

∽

LA escritura automática es una sesión de espiritismo dirigida a una misma.

∽

LOS epitafios demuestran al mundo que los otros siempre tienen la última palabra.

LOS epitafios son la quintaesencia de los espíritus sintéticos.

એ

UN ejercicio de resignación budista: imaginar tu epitafio cursi.

એ

PERSEVERAR como fantasma hasta que corrijan nuestro epitafio.

LOS espíritus errantes tal vez solo son celosos guardianes de su narrativa.

૮૦

EN nuestra época, la muletilla "un poco" se ha extendido tanto porque, como con el bebedizo de Alicia, sentimos la necesidad de minimizarnos en nuestros discursos.

૮૦

DICEN que las muletillas cumplen una función de control, pero suelen parecer lo más descontrolado.

LAS muletillas son seres simbióticos, asilvestrados. Toda una tribu urbana que habita en nuestro discurso.

∾

LAS muletillas son los delatores ocultos del lenguaje.

∾

LAS muletillas ponen el remiendo, la tirita, pero no ayudan al sujeto a cicatrizar.

LAS muletillas son siempre complejos de época.

⁊

A veces, hay ansias que nos consumen y encuentran pa-
labras.

⁊

EL lenguaje introduce orden en las emociones, por eso
es posible utilizarlo contra el asedio de lo real.

TODO pensamiento adviene como una sorpresa.

⁂

LA poesía es un espacio de orfandad.

⁂

TODAS las cosas que aprendo y en las cuales trabajo no sirven de nada a no ser que exista otro mundo al cual es posible acceder a través de la imaginación.

SER especial y pasar desapercibida son dos ambiciones muy contradictorias.

&

NIÑEZ, adolescencia, juventud, madurez, vejez. No son etapas, son estados.

&

DE pequeña creía que todo el mundo quería ser escritor. Profesoras, músicos, carteristas, monjes, taxistas…: todos escritores frustrados.

LO anterior se aplicaba a todos menos a mis vecinos. Chesterton diría que tengo una mentalidad decadente.

❧

EJERCICIO de historia literaria ficción: cómo sería Chesterton si hubiera nacido mujer.

❧

COMO lectores, no deseamos que nada malo les suceda a los personajes. Para ser novelistas debemos dejar atrás la edad de la inocencia.

¿DEJAR de escribir? ¿No volver nunca a casa?

∾

LA escritura necesita estímulo, raíz, desapego.

∾

ES difícil comprender cómo lo más íntimo puede ser a la vez lo más público. La escritura nos esconde a plena vista.

HAY críticos contrariados por una rima interna o unas sílabas de más que no se inmutan ante descalabros éticos o estéticos.

ᘒ

EL arte es simplemente una oportunidad para cambiar de estado.

ᘒ

NO podemos prever qué autores perdurarán. No sabemos qué palabras necesitarán decirse en el futuro.

LA muerte es la única actividad de la que no se puede escribir en retrospectiva.

&

EL arte es la realidad que se da a la contemplación.

&

¿YUXTAPONIENDO afirmaciones llegaremos a una verdad?

DESTILAR una carcajada, aquilatarla en un alambique y que parezca respetable.

෴

A la ironía no le convienen los espacios abiertos.

෴

ALGO tiene el género breve, que nos incita a tomar distancia.

CADA aforismo debería contener dos dentro de sí: el oculto y el manifiesto.

∽

TODO aforismo debería funcionar poniéndose entre interrogantes.

∽

EL sufrimiento rompe y fragua el lenguaje. Le concede lo que no otorga a las personas: libertad para ser.

LA energía de la escritura procede del amor o del sufrimiento.

∾

PARA escribir hace falta el convencimiento de que las palabras podrán salvarnos.

∾

ES difícil extirpar la autoayuda del aforismo y el aforismo de la autoayuda.

HAY géneros que consideramos banales solo porque son populares.

ↄ

EL yo del poema es un ancla, pero a veces necesitamos navegar en alta mar.

ↄ

TAL vez la voz pueda dibujar un contorno humano.

TENDRÍAMOS que limitar el número de veces que se escribe en una página la palabra abismo.

∾

TODOS somos una figura retórica. La mía es la elipsis.

∾

LA metáfora no solo eleva, también puede llevarnos a donde no queremos mirar.

LO que debe paladearse en un aforismo es el reconocimiento.

❧

SE fue haciendo menuda la palabra hasta que, escondida en la piel, descubrió una nueva inmensidad.

❧

PODRÍA escribir solo una frase, que fuese una pregunta, una pregunta larguísima, y esa sería mi vida.

ÍNDICE

Este número 58
de Aforismos de Siltolá
se terminó de imprimir
en el mes de diciembre de 2025